AF233239

LE RÊVE

D'UN

VIEUX CHEVALIER FRANÇAIS,

QUELQUES JOURS APRÈS LES MÉMORABLES ÉVÉNEMENS

QUI ONT REPLACÉ SUR LE TRÔNE

L'AUGUSTE FAMILLE DES BOURBONS;

PAR LE CHEVALIER H...Y G.....T,

Ancien officier, pensionné de l'État.

Les ligueurs éperdus, et mettant bas leurs armes,
Sont aux pieds de Bourbon, les baignent de leurs larmes.
Tout le peuple changé, dans ce jour salutaire,
Reconnaît son vrai roi, son vainqueur et son père.
LA HENRIADE, chant X.

PARIS,

Chez DELAUNAY, Palais-Royal, galerie de bois,
Et chez les Marchands de Nouveautés.

DE L'IMPRIMERIE DE GILLÉ.

1814.

LE RÊVE

VIEUX CHEVALIER FRANÇAIS.

——

A mon âge (j'aurai soixante-dix ans le 14 juillet prochain) on supporte difficilement des secousses aussi vives que celles que j'ai éprouvées en revoyant, après vingt-cinq ans d'absence et de malheurs, l'auguste monarque, frère du roi que j'ai servi avec honneur pendant trente-deux ans, remonter sur le trône de ses pères.

La joie cause souvent les mêmes effets que le chagrin; j'ai pleuré en revoyant Louis XVIII; j'ai pleuré de joie. J'avais soutenu avec fermeté de cruels revers, je n'ai pu résister à de si fortes émotions. Conduit par une longue maladie aux portes du tombeau, je me suis vu prêt à quitter la vie, lorsqu'après tant de souffrances elle me devenait précieuse, par cela seul que j'ai encore l'espérance de jouir pendant quelque jours du bonheur, sinon de servir mon prince, du moins de le voir, de l'entendre bénir par la nation entière.

Cet espoir, les secours de l'art, les soins de l'amitié, ont triomphé des efforts de la Parque. J'existe : oui, c'est exister, que de respirer sous le règne de Louis XVIII, le Désiré ! ! !

Depuis quelques jours seulement j'entre en convalescence. Hier, mon médecin m'ayant, pour la première fois, permis d'aller aux Champs-Élysées respirer un air plus pur que celui de la rue du Bouloi, où j'habite depuis que, cédant aux instances de mes amis, je suis revenu d'émigration (pour avoir au moins la consolation de mourir dans leurs bras, et sur le sol qui m'a vu naître). Hier, après mon dîner, je pris un fiacre, et me fis conduire à la place Louis XV (je l'ai toujours nommée ainsi, un vieillard tient à ses habitudes.) Jugez de ma surprise, lorsqu'au milieu de cette vaste place je remarquai un monument en l'honneur des Bourbons, sans doute élevé récemment, et que je n'avais pas encore vu.

Je crus d'abord que c'était, suivant l'usage des Français, toujours enthousiastes dans les premiers momens, un de ces monumens de circonstances, élevés en charpente, couverts de toiles, et décorés de peintures et d'oripeaux. A une certaine distance, l'art du peintre et du décorateur pourrait aisément tromper ma vue affaiblie. J'approchai..... Me trompé - je?..... Non ! Du marbre ! du granit ! du bronze ! des rochers ! des eaux jaillissantes ! Pomone et Vertumne ont aussi contribué à embellir le monument qui frappe ma vue. Ce monument est durable; il est destiné à perpétuer des souvenirs! et quelques jours ont suffi pour l'ériger! Quel prodige!...... C'est inconcevable !.....

« Non, » me dit en se présentant tout-à-coup à moi le chevalier de Saumenil, mon ancien et digne compagnon d'armes, ce brave que je n'avais pas revu depuis si long-temps, et que je croyais mort au champ d'honneur, à la malheureuse affaire de Q......n. « Non, non; ce n'est » pas un prodige; ici, rien n'est inconcevable : » les arts ont travaillé de concert pour une fa- » mille qui les aima, les protégea, les cultiva » toujours; le prodige cesse d'en être un; tout » est facile quand le cœur conduit!!! L'enthou- » siasme pour elle sera durable comme il l'est » pour le bon Henri IV. Ecoutez autour de » vous; le vieillard, le jeune homme, l'enfant, » le soldat, l'homme de robe, le ministre des » autels, l'artisan, unissent leurs voix à celles » de leurs femmes, de leurs filles, de leurs sœurs; » tous chantent, et chantent de cœur ce vieux » couplet qui peint si bien nos sentimens :

> » Pour un peuple aimable et sensible,
> » Le premier bien c'est un bon roi ;
> » A son amour tout est possible,
> » Le sentiment devient sa loi.
>   » L'âme satisfaite,
> » Se choisit un refrain chéri ;
> » Le cœur le chante, et la France répète,
>   » Vive Louis ! vive Louis ! »

J'étais extasié de ce que je voyais ; je concevais à peine comment, en si peu de temps, on avait réussi..... Si le désir de faire..... Si le vœu du cœur suffisait..... Le cœur ! il trompe toujours. Ah ! si j'avais pu exécuter ce qu'il m'inspirait depuis si long-temps !..... Ce ne serait pas après vingt - cinq ans que mon roi !..... Que n'ai-je quarante ans de moins !..... Autrefois à trente ans !..... Ah ! ne parlons plus du passé ! oublions-le ; l'avenir se présente bien, pensons-y.

« Mon ami, » me dit M. de Saumenil, en interrompant mon monologue ; « vous êtes encore » trop faible pour rester long-temps ici, et, pour » voir en détail ce monument de l'amour des » Français pour leur souverain légitime , il vous » faudrait trop de temps ; la description en a été » imprimée, la voici. Donnez le bras à votre » fidèle Germain, remontez en voiture ; et satis- » fait de cette première sortie, retournez chez » vous, et lisez. Adieu, mon bon ami, adieu. »

Je suivis son conseil, étonné néanmoins de l'avoir vu me quitter soudain, et de me retrouver immédiatement après chez moi.....

Ma curiosité, fortement excitée, fit taire ma surprise, et j'ouvris la brochure avec empressement. L'auteur aura-t-il bien décrit ce qu'il a si bien senti, ce qu'on a si bien exécuté ? Lisons, et jugeons-en.....

DESCRIPTION

D'UN MONUMENT

ÉRIGÉ SUR LA PLACE LOUIS XV

A LA MÉMOIRE DE LOUIS XVI,

Et à la restauration de la Monarchie dans la famille des Bourbons.

« Au milieu d'une vaste pièce d'eau octogone, dont les bords sont revêtus en marbre blanc, se voit une île dont la forme retrace les plus apparentes sinuosités de la côte de l'Angleterre. La capacité de la pièce d'eau ne permettant pas cependant de figurer l'Angleterre et l'Écosse, on s'est contenté de représenter seulement le premier de ces deux royaumes, et la frontière d'Écosse est tracée comme continuation des côtes d'Angleterre, proprement dit.

» Sur le point central de la pièce d'eau (dans l'île), au-dessus d'un rocher majestueux, est élevé un piédestal en marbre blanc; plusieurs degrés, également en marbre, conduisent à une plate-forme sur laquelle il est placé. Les figures allégoriques de la *Force*, la *Prudence*, la *Victoire* et la *Paix* sont placées aux quatre angles du piédestal, et en soutiennent la corniche. Ces figures sont en bronze.

» Sur les différentes faces de ce piédestal sont des bas-reliefs et des inscriptions disposés ainsi qu'il suit :

» *Côté des Tuileries* : Les armes de France et de Navarre; une courte inscription indique l'époque présumée de la fondation de la monarchie. Vers l'an 420.

» *Côté des Champs - Élysées* : Un bas-relief représentant l'entrée de S. M. Louis XVIII à Paris; une inscription en rappelle l'époque mémorable.

» *Côté de la rue Royale* : Un bas-relief représentant, dans une gloire, une urne cinéraire, ornée du chiffre de Louis XVI; elle est entourée du serpent mordant sa queue, symbole de l'éternité, et des attributs de la royauté. A travers les rayons de la gloire on lit une inscription qui retrace succinctement les vertus et les malheurs de ce bon roi.

» *Côté du pont Louis XVI* : Un bas-relief représentant la France remontant sur le trône de ses pères, et recevant les sermens de fidélité de la nation entière; l'inscription rappelle l'époque de cet événement inespéré.

» Un groupe de quatre figures en marbre

blanc est placé sur le piédestal ; en voici la description :

» *La France* (personnifiée sous les traits de madame la duchesse d'Angoulême) a ressaisi le sceptre de la royauté ; d'une main assurée elle tient cet attribut du pouvoir suprême ; de l'autre, son épée et des branches de laurier, d'olivier et de chêne, symboles de la victoire et de la paix. Légèrement inclinée, cette épée ne menace plus l'Europe ; mais elle est cependant encore prête à combattre l'ennemi qui oserait l'insulter, et qu'elle a vaincu si long-temps.

» *La Religion* (sous les traits de madame Élisabeth) soutient la France, et lui promet des jours prospères.

» *La Justice* (sous les traits de la feue reine) présente à la France le livre sacré de la loi, le glaive et la main de justice, et pose sur la tête de Louis XVI la couronne royale. Le buste de ce bon prince est placé sur une colonne tronquée, d'ordre dorique, autour de laquelle les trois figures se groupent avec grâce.

» *L'Envie* (représentée sous les traits d'un folliculaire sanguinairement fameux, et qui reçut la mort de la main d'une femme courageuse et infortunée), l'Envie est foulée aux pieds par les trois figures allégoriques ; elles ne paraissent pas faire attention aux pénibles efforts qu'elle fait en vain pour les atteindre : ils sont inutiles ; son masque est arraché, son poignard a échappé à sa main homicide, ses serpens ne sifflent plus.

» Le doux murmure des eaux qui jaillissent ou s'échappent du rocher, les verts gazons dont l'île est couverte, les arbustes odoriférans qui sont jetés çà et là avec assez d'art pour imiter le désordre harmonieux de la nature, forment un coup-d'œil pittoresque, et accompagnent agréablement le monument.

» La côte de France est indiquée, et la partie de l'intérieur du royaume qui s'y rattache l'est également, autant que le permet le développement de la partie de la pièce d'eau qui lui est contiguë.

» Sur les points géographiques de *Londres*, *Douvres* (en Angleterre), et *Calais*, lieu du débarquement en France de S. M. Louis XVIII, sont placés, sur des piédestaux, les figures symboliques de ces villes ; leurs armes ornent un des côtés de ces piédestaux ; des inscriptions analogues en décorent les autres faces.

» *Calais* et *Douvres* semblent se tendre les bras et se jurer amitié ; ces villes se présentent l'olivier de la paix et le caducée du commerce.

» Sur le point géographique de *Hartwel*, (*) on voit, sous les traits de Louis XVIII, la figure *d'un*

(*) Château habité par S. M. Louis XVIII, pendant son séjour en Angleterre ; situé à   lieues de Londres, dans le Buchingham.

sage en méditation ; le piédestal qui la supporte est décoré des emblèmes des arts et des sciences.

» Près du point géographique où la *Tamise* prend ses sources, dans un enfoncement du rocher, on remarque la naïade de cette rivière, penchée sur son urne ; elle voit avec plaisir l'onde s'en échapper avec fracas, courir en se jouant à travers les gazons émaillés de fleurs, dessiner le cours de ses eaux, et aller enfin les mêler à celles qui entourent cette île fortunée, où la France malheureuse trouva un honorable asile.

» La naïade de la Seine, couchée mollement à l'embouchure des eaux qu'elle protége, semble inviter le commerce à naviguer sur ses ondes paisibles, et offrir aux navigateurs la boussole et le gouvernail.

» A chacun des huit angles formés par les côtés de la pièce d'eau, une fontaine jaillissante ajoute encore à l'aspect pittoresque du monument. Une onde pure et potable s'échappe par d'élégans mascarons adaptés aux flancs circulaires d'un piédestal placé au centre d'un petit bassin rond, et le remplit ; le trop plein se déverse en cascade à travers les rochers qui forment le contour des bassins, et va se perdre sur la place. L'inclinaison du terrain, légèrement ménagée dans cette partie, oblige ces eaux à se perdre dans des puisards disposés sous chaque fontaine.

» Sur les huit piédestaux sont représentées, sous les traits de leurs souverains, mais avec le

costume allégorique qui les caractérise, les prin-
cipales puissances qui, par une sage coalition,
sont parvenues à rétablir en France la monarchie
dans la famille des Bourbons, et conséquemment
la paix.

» Le piédestal qui soutient chaque nation est
décoré des armes qui lui sont particulières; elles
servent aussi à les faire reconnaître.

» Ces puissances sont :

L'ANGLETERRE,
LA RUSSIE,
L'AUTRICHE,
LA PRUSSE,
L'ESPAGNE,
L'ITALIE,
LA SUÈDE,
LA FRANCE, (*)

» Comme il est essentiel de défendre au public
l'entrée des parties de la pièce d'eau représentant
la côte de la France, et dont l'intérieur en touche
les bords à hauteur d'appui, sur le revêtement, il
règne, de l'une à l'autre fontaine, une grille de
bronze, formée de bâtons de lances, surmontés
de fleurs-de-lis de cuivre doré, et liés l'un à
l'autre par de petites couronnes de chêne, de
laurier et d'olivier, également en bronze, mais

____

(*) Dont une grande partie, par son dévouement
spontané, a puissamment contribué au succès des pro-
jets des puissances belligérantes.

attachées avec des bandelettes de cuivre doré.
En avant et autour du monument, à quelque
distance du bord de la pièce d'eau et des fon-
taines, il y a un rang de bornes rondes, en granit
de Cherbourg; elles sont surmontées de pommes
de pin de bronze, auxquelles sont attachées des
guirlandes de chêne, de laurier et d'olivier,
aussi en bronze, mais liées de bandelettes de
cuivre doré. Ces guirlandes pendent en festons
de l'une à l'autre borne, et forment ainsi l'en-
ceinte du monument.

» La place où périt l'infortuné Louis XVI,
victime de la trahison, de l'ingratitude et de la
plus cruelle férocité, demandait un monument
de nos regrets sincères; il devait être élevé au
nom de tous les Français, en réparation du crime
commis par quelques-uns d'eux, indignes d'un
si beau titre.

» Celui dont on vient de lire la description,
sans présenter l'aspect sinistre des tombeaux,
n'en rappelle pas moins des souvenirs doulou-
reux, que vingt-cinq ans n'ont point affaiblis,
que nos neveux sentiront aussi vivement que
nous; les traits chéris et sacrés des augustes victimes d'une révolution terrible, si heureusement
terminée, sont reproduits indirectement aux yeux
du spectateur, en même temps que la figure
entière devient allégorique. On voit avec com-
plaisance les autres objets de l'ensemble du
monument; ils semblent en être les accessoires

consolateurs. Cette place, trop malheureusement célèbre, ne sera plus profanée ; une eau expiatoire coule là où coula le sang de nos rois !..... Et cette eau salutaire, où le peuple viendra étancher sa soif, sera encore un bienfait d'un roi père et citoyen pour des enfans égarés ou trop faibles. Si jamais. . . . .
. . . .
. . . . »

— Monsieur !.... Monsieur !.... Un trop long sommeil pourrait vous être nuisible ; voilà plus de quinze heures que vous dormez ; midi est sonné, et hier vous vous êtes couché à neuf heures. Allons, monsieur, le temps est superbe, l'horizon s'est éclairci, plus d'orage ; des jours sereins, il faut en profiter ; un peu d'exercice, cela vous fera du bien.

— Eh bien ! qu'est-ce ?.... Ah ! c'est vous, Germain ?.... Où est M. de Saumenil ? — Ah ! mon cher maître, avez-vous oublié que ce brave officier dort en paix auprès de tant de vaillans guerriers, l'honneur de la noblesse française ; de ces dignes soutiens du trône, victimes de leur bravoure, victimes de leur dévouement à la cause......

— Bon Germain, n'achève pas ! Mais, quoi ! hier..... ne l'ai-je donc pas revu ?..... La place Louis XV..... Ah ! oui, oui, je me rappelle ; j'ai dormi ! C'est un rêve..... un rêve.....

Ce n'était qu'un rêve, oui ; mais il fut celui d'un homme de bien : je n'en veux pas perdre la mémoire. Germain ? — Monsieur ? — Donnez-moi mon pupitre. — Quoi, monsieur ; à peine réveillé !.... Avant de vous lever, de prendre quelque chose, vous voulez écrire, vous fatiguer ? — Non, cesse de craindre, mon vieux serviteur ; je ne saurais me fatiguer ; je veux écrire mon rêve ; il ne fut pas pénible..... J'étais heureux ; je le serai encore en écrivant ce que j'ai vu..... Donne, donne ; je vais m'occuper des Bourbons !! — Voilà votre pupitre, monsieur ; écrivez, écrivez ; ce qu'on fait pour cette auguste famille ne saurait être nuisible ; écrivez, et puissent tous ceux qui aiment à écrire ne prendre la plume que pour, avec justice, dire de nos bons princes tout le bien qu'ils méritent ! —

———

Je suis effectivement sorti hier soir pour la première fois depuis ma convalescence ; je suis effectivement allé aux Champs-Élysées : la vue de la place Louis XV a réveillé dans mon cœur des souvenirs bien tristes ! Rentré chez moi, je me suis couché, et mon rêve a commencé au moment où j'ai cru voir le monument dont j'ai cru aussi lire la description. Auteur, architecte ; sans m'en douter, combien mon amour-propre serait flatté, si les gens de l'art pouvaient, en lisant le récit des illusions dont j'ai été bercé pendant quelques heures, concevoir la possibilité de les voir un jour se réaliser en partie. C'est à vous surtout, M. B.......r, que ce vœu s'adresse, à vous, dont le mérite comme artiste, et les qualités personnelles, ont mérité depuis long-temps la considération et la confiance dont vous honore S. A. R. Monseigneur le comte d'A.....

Votre ingénieux talent, votre aimable indulgence trouveront sans doute dans mon rêve le germe d'une idée nouvelle ou bizarre, susceptible d'être développée ou accueillie.

Le Cheval......r.

www.ingramcontent.com/pod-product-compliance
Lightning Source LLC
LaVergne TN
LVHW021805030726
842523LV00003B/1224